SCHIRMER'S LIBRARY
OF MUSICAL CLASSICS

ROBERT SCHUMANN

Op. 42

Woman's Life and Love
(Frauenliebe und -Leben)

Eight Songs with Piano Accompaniment

The Poems by CHAMISSO

English Translations by
DR. THEODORE BAKER
and others

→ For HIGH VOICE — Library Vol. 1356
For LOW VOICE — Library Vol. 1357

ISBN 978-0-7935-4869-9

G. SCHIRMER, Inc.

DISTRIBUTED BY
HAL•LEONARD®
CORPORATION
7777 W. BLUEMOUND RD. P.O. BOX 13819 MILWAUKEE, WI 53213

CONTENTS

27805

„Seit ich ihn gesehen."
"Since mine eyes have seen him."
(Chamisso.)

Composed 1840.
Op. 42, № 1.

27805 X

Printed in the U.S.A. by G. Schirmer, Inc.

Sonst ist licht- und farb-los al - les
But for him no ray of light would

um mich her, nach der Schwe-stern Spie-le nicht be-gehr' ich mehr, möchte
mark my way, With my sis - ters gai-ly I no more can play. In my

ritard.

a tempo

lie - ber wei-nen still im Käm - mer - lein,— seit ich
lone - ly cham-ber I would weep — and dream, Since mine

ihn — ge - se - hen, glaub' ich blind zu sein.
eyes — have seen him, as if blind I seem.

pp

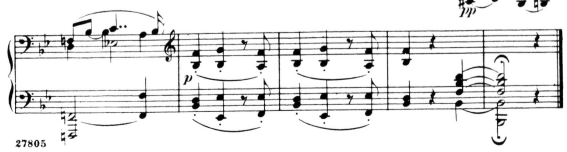

p

„Er, der Herrlichste von Allen."

"He, the best of all."

(Chamisso.)

Composed 1840.
Op.42, N.º 2.

Stern,   al - so Er_____ an meinem Himmel hell   und herr - lich, hehr__ und
star,   So shines he _____ from out my heav-en, bright and glo - rious, high __ and

fern!
far.

Wand - le, wandle dei - ne Bah - nen,   nur be - trach - ten dei - nen
On - - ward speed thy course ex - alt - ed;   far be - low as I re -

Schein,   nur in De - - muth ihn be - trach - ten,
main,   On thy ra - diance hum - bly gaz - ing,

se - lig nur, und trau - - rig sein. _____ Hö - - re nicht mein stil - les
thrills my heart with joy and pain. _____ Know thou not, when for thy

Be - ten, deinem Glü - cke nur _ ge - weiht, darfst mich nie - dre Magd nicht
wel - fare low in si - - lent prayer I bow; I for thee am all too

ken - nen, ho - her Stern der Herr - lich - keit, _____ ho - her Stern _ der Herr - lich -
low - ly, lof - ty star of glo - - ry thou, _____ lof - ty star _ of glo - ry

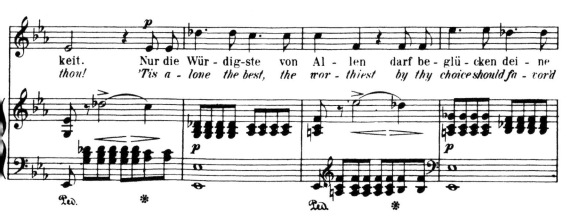

keit. Nur die Wür - dig - ste von Al - len darf be - glü - cken dei - ne
thou! 'Tis a - lone the best, the wor - thiest by thy choice should fa - vor'd

Wahl, _____ und ich will die Ho - he seg-nen vie-le tau - - - send-
be, _____ And a thou-sand times I'll bless her, who is thus ___ be-lord by

mal; will mich freu - en dann und wei - nen, se - lig, se-lig bin ich
thee. Shedding tears, al-tho' re - joic - ing, hap - py, happy then my

dann, _____ soll-te mir das Herz auch bre-chen, brich, o Herz, was liegt ___ dar-
lot: _____ E'en tho' my poor heart be bro-ken, break, O heart, it mat - - ters

an?
not.

Er, der Herr-lich-ste von Al - len, wie so mil - - de, wie___ so
He, the best of all, the no - blest, O, how gen - - tle, O, ___ how

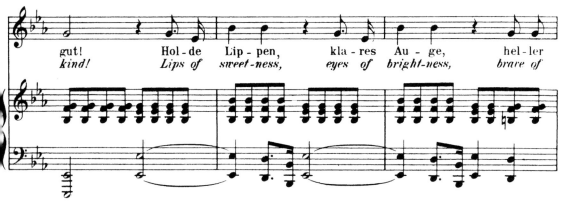

gut! Hol - de Lip - pen, kla - res Au - ge, hel - ler
kind! Lips of sweet-ness, eyes of bright-ness, brave of

Sinn und fes - ter Muth, ___ wie so mil - de, wie so gut.
heart and clear___ of mind, ___ O, how gen - tle! O, how kind!

„Ich kann's nicht fassen, nicht glauben."

English version by
Dr. Th. Baker.

"I can not, dare not believe it."

(Chamisso.)

Composed 1840.
Op. 42, № 3.

Mit Leidenschaft.
Con passione.

25.

es kann ja nim-mer so sein,____ es kann ja nim-mer so
Such bliss can nev-er be mine,____ such bliss can nev-er be

sein! O lass im Trau-me mich ster - ben, ge - wie-get an
mine! O let me dream on his bo - - som___ And dream-ing so

sei - ner Brust,____ den se - li - gen Tod mich schlür-fen in
let me die:____ Such rap - tur - ous death were wel - come, In

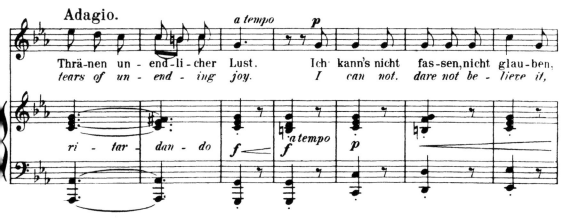

Thrä-nen un - end - li - cher Lust. Ich kann's nicht fas-sen,nicht glau-ben,
tears of un - end - ing joy. I can not, dare not be - lieve it,

es hat ein Traum mich be - rückt, __ wie hätt' er doch un - ter
Ah, sure - ly, 'tis but a dream, __ For why should poor I be

ritard.

Al - len mich Ar - me er - höht und be - glückt?
cho - sen, Be blest and ex - alt - ed by him?

a tempo

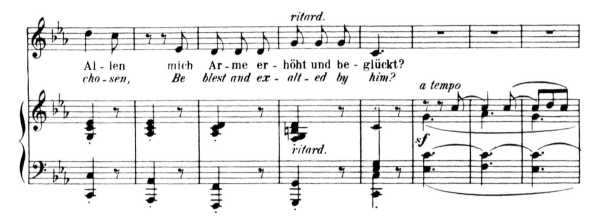

p ritard. -

Ich kann's nicht fas - sen, nicht glau
I can not, dare not be - lieve

ben, es hat ein Traum mich be - rückt. __
it, ah, sure - ly, 'tis but a dream! __

Der Ring.

The Ring.

(Chamisso.)

Composed 1840.
Op.42, Nº 4.

26.

Du Ring an mei-nem Fin - - ger, mein gol-de-nes Rin - ge-
Thou ring up-on my fin - - ger, My beau-ti-ful ring of

lein,   ich _ drü - cke dich fromm an die Lip - - pen, dich
gold,   My _ lips on thee fer - rent-ly lin - - ger, And

fromm an die Lip-pen, an das Her - - ze mein. Ich hatt' ihn aus - ge-
close the dear treasure to my heart I hold. My child - hood's dream _ had

träu - - met, der Kind-heit fried - lich schö - nen Traum, ich
van - - ish'd, A joy - ous dream _ se - rene and bright; A-

fand al - lein mich ver - lo - ren im ö - den, un - end - li - chen
lone I seem'd as if ban - ish'd To des - o - late re - gions of

Raum. Du __ Ring an mei - nem Fin - ger, da __
night. Thou ring up - on my fin - ger, Hast __

hast du mich erst be - lehrt, hast mei - nem Blick er -
giv'n to glad thoughts a birth, For - bid - dest clouds to

poco
nach

schlos - sen des __ Le - bens un - end - li - chen, tie - fen Werth. Ich
lin - ger, Trans - form - est to rap - ture my life on earth, And

a poco accelerando
und nach rascher

will ihm die - nen, ihm le - - ben, ihm an - ge - hö - ren
I'll live for him and near __ him, Will al - - ways his re -

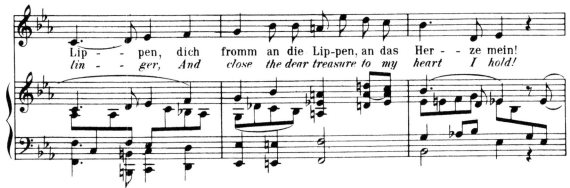

„Helft mir, ihr Schwestern."

"Help me, oh sisters."

(A. von Chamisso.)

English version by Dr. Th. Baker.

Composed 1840.
Op. 42, № 5.

sonst dem Ge-lieb-ten im Ar - me lag, im - mer noch rief er,
Else in the arms of my love___ I lay, Still he would sigh, with

Sehn-sucht im Her - zen, un - ge-dul - dig den heu - ti-gen Tag.
heart full of long - ing, Fain to hast - en this tar - dy day.

Helft mir, ihr Schwes - tern, helft mir ver-scheu - chen ei - ne thö - rich - te
Help me, oh sis - ters, help me to ban - ish Fool - ish fears that my

Ban - gig-keit; dass ich mit kla - rem Aug' ihn em-pfan - ge,
heart___ an-noy, That with un-cloud - ed eyes I may wel - come

18

ihn,___ die Quel-le der Freu-dig-keit. Bist, mein Ge-lieb-ter,
Him,___ the foun-tain of all my joy. O my be-lov-ed,

du mir er-schie-nen,giebst du mir, Son-ne, dei-nen Schein?
now art thou near me? Giv'st me thy ra-diance, thou___ my Sun?

lass mich in An-dacht, lass mich in De-muth, lass mich ver-nei-gen dem
Let me in meek-ness, low-ly de-vo-tion, Bend me be-fore thee, thou

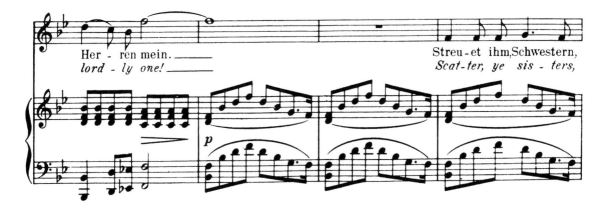

Her-ren mein.___ Streu-et ihm,Schwestern,
lord-ly one!___ Scat-ter, ye sis-ters,

treu - et ihm Blu - men, brin - get ihm knos-pen - de Ro - sen dar.
flow - ers be - fore him, Strew him fresh rose-buds with dain - ty art;

A - ber euch, Schwestern, grüss' ich mit Weh-muth, freu - dig schei-dend aus
Yet, oh my sis - ters, sad - ly I greet ye, Tho' in joy from your

eu - rer Schaar, freu - dig schei-dend aus eu - rer Schaar.
band I part, tho' in joy from your band I part.

„Süsser Freund, du blickest."

"Sweet my friend, thou viewest."

(A. von Chamisso.)

English version by Dr. Th. Baker.

Composed 1840.
Op. 42, № 6.

Langsam, mit innigem Ausdruck.
Lento con affetto.

28.

Sü - sser Freund, du bli - ckest mich ver -
Sweet my friend, thou view - est me in

wun - dert an, kannst es nicht be - grei - fen, wie ich
fond a - maze, Canst not guess, why mine is now a

wei - nen kann; lass der feuch - ten Per - len un - ge - wohn - te Zier
tear - ful gaze? Let the rare a - dorn - ment, pearl - y drops, de - lay,

freu - dig hell er - zit - tern in dem Au - ge mir. Wie so
Glad - ly, bright - ly quiv - 'ring in mine eye to - day. How in

Thrä - nen, die ich wei - nen kann,
rea - son *why the tears so ran?*

sollst du nicht sie se - hen, du ge - lieb - ter, ge - lieb - ter
Should I hide them from thee, *thou be - lov - ed, be - lov - ed*

Mann? Bleib an mei - nem
man? *Stay up - on my*

Lebhafter
Più animato.

Her - zen, füh - le des - sen Schlag, dass ich
bo - som, *feel my beat - ing heart,* *Let me*

fest und fe - ster nur dich drü - cken mag, fest und
close and clos - er press thee where thou art, *close and*

23

27805

„An meinem Herzen, an meiner Brust.“

"Here on my bosom, here on my heart."

(A. von Chamisso.)

English version by Dr. Th. Baker.

Composed 1840.
Op. 42, No 7.

Fröhlich, innig.
Gioioso con affetto.

29.

An mei-nem Her - zen, an mei-ner Brust,
Here on my bo - som, here on my heart,

du mei - ne Won - ne, du mei - ne Lust! Das
My on - ly trea - sure, my joy thou art! De -

Glück ist die Lie - be, die Lieb' ist das Glück,
light is in lov - ing, and love is de - light,

ich hab's ge-sagt und nehm's nicht zu - rück. Hab'
That I have said, and ne'er will de - ny't. I

ü - ber - schweng - lich mich ge - schätzt,
once had thought my joy too fond,

bin ü - ber - glück - lich a - ber jetzt.
Now my de - light's all dreams be - yond.

Nur die da säugt, nur die da liebt das
She on - ly loves, she who has fed Her

ritard.

Kind, dem sie die Nah - rung giebt;
child from na - ture's foun - tain - head.

ritard.

Schneller. *Più mosso.*

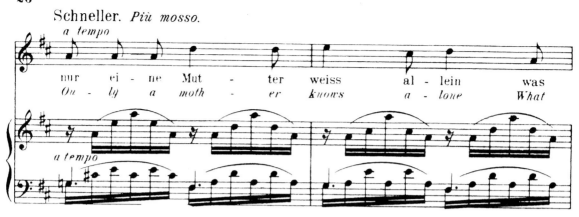

nur ei - ne Mut - ter weiss al - lein was
Ou - ly a moth - er knows a - lone What

lie - ben heisst und glück - lich sein.
bliss in love a heart may own.

O wie be-daur' ich doch den Mann, der
How pit - i-ful are men, I trow, Who

Mut - ter-glück nicht füh - len kann! Du
ne'er a moth - er's joys can know! Thou

„Nun hast du mir den ersten Schmerz gethan."
"Now for the first time thou hast giv'n me pain."

(A. von Chamisso.)

English version by Dr. Th. Baker.

Op. 42, № 8.
Composed 1840.

Adagio.

30.

Nun hast du mir den er - sten Schmerz ge - than, der a - ber
Now for the first time thou hast giv'n me pain, Ah, and so

traf. Du schläfst, du har - ter, un - barm - herz' - ger Mann, den To - des -
sore! Thou sleep - est, cru - el, un - com - pass'-nate man, To wake no

schlaf. Es bli - cket die Ver - lass'- ne vor sich hin, die Welt ist
more. Be - fore me, all for - sa - ken where I bow, The world's a

leer, ist leer. Ge - lie - bet hab' ich und ge - lebt, ich bin nicht
void, a void; I lov'd and liv'd for thee a - lone, and now My

27805